I0422108

Messaggi di Meditazione

Cromo Simbolica

Saverio Caffarelli

Illustrazione di copertina

di

Daniela Roberti

Editore: Lulu
Prima edizione: 2019

ISBN: 978-0-244-18971-6

© Copyright 2019

Messaggi di Meditazione

Cromo Simbolica

I colori sono la percezione visiva che abbiamo delle onde elettromagnetiche ed esprimono simbolicamente le dinamiche emotive che viviamo tutti i giorni. Si potrebbe parlare a lungo per poter comprendere questa espressione simbolica, ma in questo libro propongo un modo semplice ed intuitivo attraverso 36 frasi meditative associate ai colori; ogni frase è riportata in una pagina.

Come usare il libro

Ogni giorno si può leggere una frase scelta "a caso" e meditare sul senso che può avere nella propria vita. La lettura del significato dei colori può aiutare ad ampliare la propria visione della vita e del proprio essere.
Alcune informazioni teoriche precedono "i messaggi meditativi" per aiutare chi voglia utilizzare la cromo-simbologia in altri contesti o associata ad altri approcci.

La Piramide Cromo-Simbolica

"Le dinamiche descritte dall'interazione dei colori sono metafora di ciò che sono le dinamiche emotive e i rapporti fra emozioni, azioni, pensieri e sentimenti"

Marrone	Risultati Concreti
Magenta	Passione Materiale
ROSSO	Passione Emozionale
Arancione	Fiducia verso gli altri
Giallo	Creatività
VERDE	Autostima, sicurezza di sé
Ciano	Consapevolezza di sé Desideri
BLU	Consapevolezza di sé Volontà
Viola	Predisposizione al Cambiamento
Bianco Passività	Nero Aggressività

Le "emozioni" che stanno più in alto nella piramide richiedono, per poter essere stabili e positive, che siano ben presenti e sviluppate quelle che stanno più alla base.

Per esempio il viola è alla base di tutto perché se non sono ben disposto al cambiamento non posso fare niente; non posso essere creativo (giallo) perché la creatività prevede implicitamente un cambiamento, la rottura di vecchi schemi; non posso neanche essere attivo (rosso) perché se mi attivo in qualcosa sto passando da uno stato ad un altro e quindi anche qui c'è il cambiamento. Altro esempio, il blu: finalmente predisposto al cambiamento (viola) posso essere tranquillo e "guardarmi dentro": condizione necessaria per poter cogliere la mia forza interiore (verde), essere creativo (giallo), ecc.

In sintesi, se tutto va bene ecco cosa succede:

Liberi da dipendenza/passività/sensi di colpa (bianco) e liberi da aggressività e paure (nero), accettando ciò che è stato e ciò che è, ci predisponiamo a vivere bene il passaggio dal malessere all'essere felici (viola), ad affrontare il benessere con tranquillità e consapevolezza (blu/ciano), credendo in noi stessi e nelle nostre capacità (verde), inventando modi sempre nuovi per essere allegri (giallo), ottimisti nel credere che tutto ciò sia possibile (arancione), attivandoci con passione ed energia (rosso/magenta), realizzando anche esperienze concrete (marrone).

Viola

Il Viola è il primo colore alla base della Piramide Cromo-Emotiva ed è composto dalla mescolanza fra la "punta" calda Rossa (attività e passione) e la "base" fredda Blu (consapevolezza/ tranquillità emotiva/ volontà), come dire: "mi Attivo Tranquillamente".

È il colore del cambiamento, della transizione, della trasformazione e della capacità di prendere decisioni.

Rappresenta anche **l'ATTO-di-VOLONTA'** in termini di accordo fra la nostra capacità di agire (rosso) e di essere consapevoli delle nostre volontà (blu).

Rappresenta la comunicazione fra la sfera delle emozioni associate a "qualcosa" (punta calda – rosso/magenta) e quella delle emozioni pure e semplici che esistono "a prescindere" (base fredda – blu/ciano); tuttavia mentre gli altri colori sfumano uno nell'altro, fra il viola e il magenta c'è il campo del non visibile, quindi questa comunicazione è inconscia e diverse informazioni fluiscono in questo scambio comunicativo portando ad agire talvolta in modi apparentemente inspiegabili, almeno a livello razionale.

Il Viola quindi rappresenta l'esito conscio e visibile di una comunicazione ben più ampia che si sviluppa su un altro livello.

Il Viola

Sintesi Simbolica:
Predisposizione al cambiamento
Parola chiave:
Atto di volontà
Condizionamento Nero:
Impazienza e agitazione
Condizionamento Bianco:
Il quieto vivere
Livello Psicologico:
Accettazione di sé, flessibilità

Meditazione 01:
Fermarsi per poter andare avanti, non tirare la cintura di sicurezza affinché si sganci e lasci liberi...

BLU

Il Blu: colore primario della luce quindi della sfera emotiva.

È associato alle emozioni pure e semplici che esistono senza la necessità di un motivo particolare. Rappresenta le più sincere e profonde volontà.

Favorisce tranquillità, calma e serenità predisponendo alla riflessione, all'introspezione, alla concentrazione e alla piena consapevolezza di sé; è il colore del mare che simbolicamente rappresenta l'inconscio.

L'Indaco (Blu scuro/violetto) invece può essere ottenuto con approssimazione unendo percentuali differenti di blu e viola, mentre in realtà è un altro colore "primario" che esiste in natura, rappresenta l'intuito.

Il BLU

Sintesi Simbolica:
Volontà e Consapevolezza Emozionale
Parola chiave:
Voglio. Volontà. Ciò che offre sensazioni
positive. Consapevolezza
Condizionamento Nero:
Devo - Conoscenze razionalizzate
Condizionamento Bianco:
Vorrei anziché voglio - Confusione
Livello Psicologico:
Consapevolezza delle proprie emozioni e dei
propri Valori

Meditazione 01:
volontà,
né devi né vorresti...
ciò che vuoi è ciò che sei.

Ciano

Il Ciano è un colore secondario della luce e primario dei pigmenti, utilizzato infatti nelle cartucce delle stampanti. Come il blu rappresenta tranquillità, introspezione e i desideri ma su un piano materiale.

Indica il saper mantenere la concentrazione sui propri e più profondi obiettivi concreti e materiali.

I desideri/obiettivi a volte diventano trappole e l'oggetto del desiderio perde valenza mentre emerge quale trappola quella di "desiderare di avere quel desiderio" che non dovrà essere esaudito pena la perdita del piacere che si prova nel desiderare qualcosa.

Il Ciano

Sintesi Simbolica:
Desideri/Obiettivi, Consapevolezza materiale
Parola chiave:
Definisco
Condizionamento Nero:
Imposizione
Condizionamento Bianco:
Vaga idea
Livello Psicologico:
Conoscenza delle proprie aspirazioni

Meditazione 01:
immagina concretamente
ciò che è specchio della tua
Volontà emotiva.

VERDE

Il Verde, fondamentale della luce, è il colore della vegetazione, della natura e in particolare della clorofilla e richiama facilmente il concetto di Forza Interiore con sensazioni di solidità, stabilità, e costanza. Da un punto di vista psicologico si può parlare di autostima. Sul piano emotivo, essendo un colore fondamentale della luce, indica il senso di una assoluta ed inattaccabile forza interiore di cui disponiamo. È anche un colore inerente i processi cognitivi, in particolar modo riferito ai pensieri creativi astratti / creatività emotiva. Sul paino materiale il verde è composto dalla mescolanza in parti uguali di Ciano (Tranquillità/Consapevolezza materiale) e Giallo (Creatività/Libertà), come dire: "Tranquillamente Libero e Creativo" posso "Credere in Me", ovvero denota fiducia verso l'interno/sé stessi in antitesi all'arancione che esprime fiducia verso "l'esterno".

Il VERDE

Sintesi Simbolica:
Autostima, sicurezza di sé
Parola chiave:
Posso
Condizionamento Nero:
Egocentrismo, eccesso di pensieri
Condizionamento Bianco:
Dubbi su di sé, insicurezza
Livello Psicologico:
Pensieri fluenti e liberi

Meditazione 01:
credi che pensare a te stesso non sia anche pensare agli altri?

Giallo

Il Giallo, colore primario della materia utilizzato anche nelle stampanti, stimola un senso di libertà e ricerca del nuovo, associato prevalentemente al concetto di creatività concreta/pratica. È invece colore secondario della luce e deriva dall'unione di autostima (verde) e passione emotivo/relazionale (rosso); infatti rispetto al viola che predispone al cambiamento "tranquillamente" il giallo è più sbilanciato verso la punta calda e quindi ha una componente più ricca di movimento e dinamicità favorendo non solo l'individuazione di soluzioni creative ma anche la loro attivazione.
È il colore del sole, caldo, allegro, e creativo. Esprime quindi la ricerca di cambiamento creativo e di liberazione dagli schemi.

Il Giallo

Sintesi Simbolica:
Creatività, uscire dagli schemi
Parola chiave:
Creo
Condizionamento Nero:
Fuga nell'eccessiva ricerca di soluzioni
Condizionamento Bianco:
Assenza di idee
Livello Psicologico:
Pensiero creativo orientato all'azione

Meditazione 01:
più immagini una cosa, più è probabile che la crei; ricorda di metterci anche l'emozione.

Arancione

L'Arancione esprime ottimismo, positività ed energia. Evidenzia fiducia verso l'esterno in antitesi al verde che esprime fiducia verso sé stessi, favorisce quindi ottimi rapporti con gli altri e soprattutto nel rapporto "a due". È il colore che simboleggia il sole nascente ispirando fiducia per il nuovo giorno. Come il giallo si trova fra il verde e il rosso, ma mentre il giallo è proprio "in mezzo", l'arancione ha una componente calda maggiore, perciò è più orientato alla relazione.

L'Arancione

Sintesi Simbolica:
Ottimismo, fiducia verso gli altri
Parola chiave:
Gli altri come Specchio di noi stessi - Fiducia
Condizionamento Nero:
Ottimismo cieco / dipendenza dagli altri.
Condizionamento Bianco:
Pessimismo, sfiducia verso l'altro
Livello Psicologico:
Apertura di sé, mettersi in gioco, positività

Meditazione 01:
far tutto per gli altri può essere una fuga da sé stessi

ROSSO

Colore primario della luce che favorisce eccitazione e spinge verso l'attività soprattutto relazionale/emotiva. Il rosso è il colore del cuore e dell'amore, della passione e della sensualità. Rappresenta anche il sapersi godere le relazioni interpersonali. Complementare al ciano, cioè alla tranquillità materiale. È il colore fondamentale della luce con la più alta lunghezza d'onda e quindi con la minor frequenza, ha l'energia più bassa ma anche la più alta penetrazione cutanea: è la parte Emotiva della punta della Piramide Cromo-Simbolica, e come la punta di una freccia sostenuta alle spalle da tutte le altre emozioni serve a far breccia nel muro dell'apatia.

Il ROSSO

Sintesi Simbolica:
Passione relazionale, Azione
Parola chiave:
Apprezzo
Condizionamento Nero:
Conflitti accesi, azioni folli
Condizionamento Bianco:
Apatia
Livello Psicologico:
Le proprie Azioni su un piano emotivo/
relazionale

Meditazione 01:
quando ti arrabbi con
qualcuno, non sarà che sei
tu ad avergli dato spazio e
permesso qualcosa?

Magenta

Colore primario della materia che favorisce eccitazione e spinge verso attività concrete. Rappresenta anche il sapersi godere gli aspetti materiali della vita. Complementare al verde, cioè all'autostima.

Se il rosso è l'amore il magenta è il sesso. Il magenta "non" esiste: è solo la percezione visiva della contemporanea presenza di raggi blu e rossi. Anche il viola è dato dalla mescolanza di blu e rosso ma come pigmenti (tempere, inchiostro, ecc.). Magenta e viola sono rispettivamente al vertice e alla base della piramide ed in un ipotetico cerchio cromo simbolico si re-incontrano attraverso l'area dello spettro dei colori non visibili come infrarossi e ultravioletti, simbolo di passato e futuro che collassa nel presente. Quindi questa simbologia magenta-viola ci ricorda l'importanza del qui e ora.

Il Magenta

Sintesi Simbolica:
Passione materiale
Parola chiave: Agisco
Condizionamento Nero:
Farsi piacere le cose a forza per poter agire
Condizionamento Bianco:
Depressione
Livello Psicologico:
Le proprie Azioni su un piano materiale

Meditazione 01:
ti piace veramente ciò che ti piace? ...o è solo perché "è giusto" così?

Bianco

Se da una parte il bianco rappresenta "l'unità" dei colori... d'altra parte evidenzia uno stato confusionale: non si vede chiaramente "cosa c'è sotto"! Rappresenta quindi bugie, falsità e la negazione implicita delle emozioni pure e libere.

Ricorda il colore del latte e si associa facilmente al concetto di "**dipendenza**"; se dipendo da qualcun altro (dal seno materno nella metafora...) allora posso **dimenticare** la mia autostima e restare passivo di fronte agli eventi della vita... emergeranno quindi insicurezze e paure legate alla **passività** e che spingeranno alla continua ricerca di aiuto e/o al bisogno di appoggiarsi a qualcuno, o a qualche schema sociale, o a qualche gruppo o ideale senza essere liberi di esprimersi veramente e sinceramente pena un **senso di colpa** nei confronti di chi "ci ha voluto bene" con il rischio di offenderlo oppure paura di abbandonare o essere abbandonati perché considerati traditori: agisce quindi a livello dei sentimenti; inoltre se si è passivi e c'è qualcun altro su cui contare allora si tende anche a dimenticare le cose e alla **confusione**.

Il Bianco

Sintesi Simbolica:
Dipendenza, passività, senso di colpa,
confusione
Parola chiave:
Passività
Condizionamento Nero:
Cecità psicologica
Condizionamento Bianco:
Forte senso di colpa
Livello Psicologico:
Passività e dipendenza emotiva

Meditazione 01:
ti piace sentirti in colpa per
qualcosa che non hai fatto?

Nero

È il NON colore (assorbe/non riflette le onde elettromagnetiche), la negazione esplicita delle emozioni pure e libere. È associato all'oscurità e "all'uomo nero" che infonde paura e terrore. Emergeranno quindi paura e insicurezza legate all'**aggressività** e che indurranno comportamenti anche violenti verso gli altri o verso di sé. Tipici di questa alterazione sono i **pensieri negativi** che agiscono sulla mente favorendo anche l'instaurarsi di **schemi rigidi di comportamento e di pensiero** che se non gestiti portano alla paura tipicamente gestita e mascherata con l'aggressività.

NERO COME LA MORTE... ma la morte rappresenta un cambiamento netto. In un mondo duale la morte è l'opposto della vita... Una personalità integrata saprà ribaltare la rigidità schematica ed aggressiva del nero in capacità di vivere il momento con estrema flessibilità, in grado di cambiare e trasformare sé stessa e ciò che la circonda... e il primo colore alla base della piramide cromo-simbolica è il viola... ovvero la predisposizione al cambiamento. Così tutto può essere una cosa e al contempo il suo opposto, fino al raggiungimento dell'equilibro.

24

Il Nero

Sintesi Simbolica:
Aggressività, schemi rigidi di riferimento
Parola chiave:
Aggressività, rigidità
Condizionamento Nero:
Violenza, estrema rigidità
Condizionamento Bianco:
Aggressività casuale
Livello Psicologico:
Comportamenti e atteggiamenti rigidi

Meditazione 01:
è un tuo valore forte, o hai solo paura del nuovo e del diverso?

Marrone

Il marrone: il colore della terra e degli alberi, un richiamo alle **proprie origini**, alla corporeità e al senso della **praticità e concretezza**. Deriva dalla combinazione in parti uguali dei tre colori primari della materia. È l'unico colore fra quelli trattati che richiede l'unione di tre, anziché due, colori e rappresenta quindi un livello di comunicazione che si sposta dal concetto di coppia a quello di gruppo. Simboleggia la collaborazione e la cooperazione.

Rappresenta i **risultati concreti** che arrivano come "conseguenza": è posto alla fine della piramide cromo simbolica, in punta ma "esternamente" perché prima ci sono tutti gli altri colori; perciò prima si è predisposti al cambiamento (viola), si sa cosa si vuole (blu), si fissa un obiettivo (ciano), si crede in sé stessi concentrandosi sul qui e ora (verde), si inventano alternative (giallo), ci si apre agli altri con fiducia e ottimismo (arancione), si valuta quale alternativa ispira passione (rosso), si attua in termini pratici la scelta (magenta) e si osservano i risultati concreti: marrone!

Il Marrone

Sintesi Simbolica:
Concretezza, praticità, origini, famiglia
Parola chiave:
Risultati concreti, famiglia, ottengo
Condizionamento Nero:
Comportamenti pratici ossessivi
Condizionamento Bianco:
Dipendenza dai risultati e dalla materialità
Livello Psicologico:
Orientamento al compito e agli obiettivi

Meditazione 01:
quando sei contento raggiungi i risultati o prima raggiungi i risultati e poi sei contento?

Trasparente

Non considerato fra i colori tuttavia è forse il più importante: rappresenta l'unione dei tre fasci luminosi fondamentali. Il bianco è solo un effetto che si ottiene a livello della materia e siccome riflette tutti i colori viene interpretato dal cervello come bianco, mentre a livello di fascio luminoso essi divengono trasparenti, invisibili, inafferrabili. Tutto ciò che è trasparente quindi riflette questa capacità di essere **"trasparenti", ovvero onesti, sinceri, forti, non condizionabili, autonomi.** La trasparenza può essere usata con ottimi risultati negli esercizi in rilassamento con immagini per favorire l'integrità delle persone e migliorare la comunicazione interiore.

Il Trasparente

Sintesi Simbolica:
Unione interiore di emozioni, azioni e pensieri,
di Anima-Mente-Spirito
Parola chiave:
Integrità
Condizionamento Nero:
Non possibile
Condizionamento Bianco:
Non possibile
Livello Psicologico:
Coerenza e compresenza positiva fra emozioni,
azioni e pensieri

Meditazione 01:
quando reagisci in un modo
perché lo ritieni giusto, ti
senti altrettanto bene?

Viola / Nero

Se il Viola è abbinato al nero significa che il cambiamento non solo è desiderato ma diventa quasi una imposizione, un dovere, uno schema da seguire e quindi si perde la necessaria flessibilità per una trasformazione reale e positiva; se contestualmente non c'è né bianco né blu allora si arriva **all'impazienza e all'agitazione**. Il blu contribuirebbe a gestire la situazione con una buona dose di tranquillità, mentre il bianco porterebbe a una finta calma lasciando spazio a **possibili scatti d'ira** improvvisi.

Emerge quindi una necessità impellente di cambiamento e l'impazienza può diventare anche ansia indicando il fatto che il **cambiamento** voluto è in realtà anche **temuto**: **"cosa succederà se riuscirò in questa cosa?"**. Tuttavia tale paura non è sempre consapevole ma c'è ed è importante rendersene conto perché il motivo per cui ancora non si è riusciti nei propri intenti è proprio lì!

Il Viola

Sintesi Simbolica:
Predisposizione al cambiamento
Parola chiave:
Atto di volontà
Condizionamento Nero:
Impazienza e agitazione
Condizionamento Bianco:
Il quieto vivere
Livello Psicologico:
Accettazione di sé, flessibilità

Meditazione 02:
se finalmente ti decidessi,
che emozione in realtà
potresti provare all'idea di
fare ciò che volevi fare ma
non osavi?

BLU / Nero

Se il Blu è abbinato al nero ci si impone di restare tranquilli, si mostra un'alta capacità di non reagire male alle provocazioni, ma è solo una forzatura che porta a grandi insoddisfazioni e tensioni interiori. Emerge il senso del Dovere e di volere solo ciò che è socialmente accettato.

Dubbio: "sarà veramente questo ciò che voglio?"

Capita che le persone siano convinte di portare avanti i loro progetti, le loro idee, la loro volontà, ma sono nervose, tese, arrabbiate; ascoltandosi scopriranno che ciò che vogliono davvero è altro ma il "nero" ovvero in questo caso il senso del giudizio e di critica "esterna" blocca la libera espressione fino a divenire forte autocritica e auto-inibizione.

Il BLU

Sintesi Simbolica:
Volontà e Consapevolezza Emozionale
Parola chiave:
Voglio. Volontà. Ciò che offre sensazioni
positive. Consapevolezza
Condizionamento Nero:
Devo - Conoscenze razionalizzate
Condizionamento Bianco:
Vorrei anziché voglio - Confusione
Livello Psicologico:
Consapevolezza delle proprie emozioni e dei
propri Valori

Meditazione 02:
quando fai ciò che vuoi e che
ti piace sei anche calmo?

Ciano / Nero

Se il Ciano è abbinato al nero ci si impongono e definiscono desideri e relativi obiettivi socialmente accettati e lontani dalla propria volontà, ma è solo una forzatura che porta a grandi insoddisfazioni e tensioni interiori. Emerge il senso di imposizione e di desiderare solo ciò che può essere approvato anche dagli altri.

Se il livello del blu non è condizionato né da bianco né da nero allora c'è consapevolezza del fatto che gli obiettivi scelti non collimano con la propria volontà. Questo capita talvolta anche solo per un breve periodo, quando per raggiungere un obiettivo rappresentativo di sé stessi si scegli di perseguirne un altro faticoso e distante da sé. Per esempio per poter aprire un'attività lavorativa in proprio si sceglie di fare provvisoriamente lavori che non piacciono per ottenere la somma di denaro necessaria all'investimento. Su un piano logico questo può aver senso, ma chi è veramente "pulito" riesce a trovare lavori occasionali piacevoli per poi aprire la propria attività, o ancor meglio trova il modo per aprirla subito. È così che si è liberi.

Il Ciano

Sintesi Simbolica:
Desideri/Obiettivi, Consapevolezza materiale
Parola chiave:
Definisco
Condizionamento Nero:
Imposizione
Condizionamento Bianco:
Vaga idea
Livello Psicologico:
Conoscenza delle proprie aspirazioni

Meditazione 02:
il tuo obiettivo ti lascia
libero?

VERDE / Nero

Se il Verde è abbinato al nero si tenderà a concentrarsi su di sé proteggendosi dalle difficoltà e basandosi in modo rigido solo su ciò che più conferma le proprie capacità. Si tenderà ad avere dubbi ed eccesso di pensieri: "so di essere capace, ma se è così perché allora non riesco a...".
Si cercherà di autoconvincersi che si hanno le capacità.

Il VERDE

Sintesi Simbolica:
Autostima, sicurezza di sé
Parola chiave:
Posso
Condizionamento Nero:
Egocentrismo, eccesso di pensieri
Condizionamento Bianco:
Dubbi su di sé, insicurezza
Livello Psicologico:
Pensieri fluenti e liberi

Meditazione 02:
rimuginare, pensare e
ripensare, ti è utile? Pensaci!

Giallo / Nero

Se il Giallo è abbinato al nero la creatività e il senso di libertà sono ricercati in modo così eccessivo da far entrare in un paradosso: creatività rigida o rigidamente creativo; questo processo porta a non considerare alcune alternative solo perché non considerate "creative" o non associate al senso di libertà. Per esempio quando ci si rifiuta di fare una cosa perché l'ha detta Tizio e magari si fa l'opposto quasi a dispetto: si ha il senso di libertà mentre in realtà ci si è vincolati a fare esattamente l'opposto privandosi della prima scelta che magari andava bene; questo è tipico in fase adolescenziale dove la ricerca di libertà spesso segue questa strada pur di sentirsi differenziati dai genitori.

La compresenza del nero indica una ricerca a tutti i costi di un'alternativa. In realtà le soluzioni sono già tutte presenti nella persona, serve creare una connessione fra tutte le idee affinché abbiano un senso per poter essere messe in pratica in modo efficace.

Il Giallo

Sintesi Simbolica:
Creatività, uscire dagli schemi
Parola chiave:
Creo
Condizionamento Nero:
Fuga nell'eccessiva ricerca di soluzioni
Condizionamento Bianco:
Assenza di idee
Livello Psicologico:
Pensiero creativo orientato all'azione

Meditazione 02:
troppa fantasia ti allontana dalla realtà? È la paura... Le cose sono più semplici.

Arancione / Nero

Se l'Arancione è abbinato al nero indica un ottimismo esagerato, ci si circonda di tante persone e si fa di tutto per gli altri dimenticandosi di sé stessi fino allo sfinimento. Solitamente il nero "irrigidisce", ma nell'arancione c'è una "inversione" e gli effetti del nero appaiono come se ci fosse interferenza bianca e viceversa. Questo è emerso analizzando i risultati al test "le 11 tavole" (da "la cromo-terapia simbolica e il potere del doppio trio dei fondamentali, S. Caffarelli, ed. medicalinformation.it). L'ipotesi teorica non corrispondeva al risultato. Considerando sia la metafora del corpo, sia le associazioni ad esso dei colori secondo i punti chakra, sia il fatto che l'arancione "sembra in più" nella sequenza dei colori (seguono alternativamente un fondamentale della luce, poi uno della materia... e l'arancione sta "in mezzo") si è compreso il suo ruolo rappresentativo dell'incrocio dei fasci nervosi; infatti l'emisfero destro del cervello domina la parte sinistra del corpo mentre quello sinistro domina la parte destra. Così nel punto di inversione gli effetti del bianco e del nero si ribaltano. È anche per questo che l'arancione assume il simbolismo dello "Specchio".

L'Arancione

Sintesi Simbolica:
Ottimismo, fiducia verso gli altri
Parola chiave:
Gli altri come Specchio di noi stessi - Fiducia
Condizionamento Nero:
Ottimismo cieco / dipendenza dagli altri.
Condizionamento Bianco:
Pessimismo, sfiducia verso l'altro
Livello Psicologico:
Apertura di sé, mettersi in gioco, positività

Meditazione 02:
non ti piace ciò che fanno gli altri? In realtà cosa riflettono di te?

ROSSO / Nero

Se il Rosso è abbinato al nero indica un'esplosione di passione, molta attività ed energia in gioco al punto di rischiare di non usarla nel modo giusto per sé. Il nero associato al Rosso può dar luogo a scatti d'ira, a trasformare la passione in aggressività sino alla violenza.

Emerge un eccesso di ricerca di relazioni verso le quali poi si nutrono dubbi circa la loro validità e si nutrono sentimenti di rabbia.

Il ROSSO

Sintesi Simbolica:
Passione relazionale, Azione
Parola chiave:
Apprezzo
Condizionamento Nero:
Conflitti accesi, azioni folli
Condizionamento Bianco:
Apatia
Livello Psicologico:
Le proprie Azioni su un piano emotivo/
relazionale

Meditazione 02:
metti passione in ciò che fai
se ciò che fai è quello che
hai deciso tu, liberamente.

Magenta / Nero

Il magenta associato al nero indica un eccesso di ricerca di piaceri materiali verso i quali poi si nutrono dubbi circa la loro utilità; un tentativo di farsi piacere le cose a forza per poter agire.

Le azioni rappresenteranno soprattutto ciò che la persona ritiene siano le aspettative degli altri.

Talvolta capita che alcune persone facciano dei gesti molto belli solo per proteggere la propria immagine sociale. In tal caso questi gesti saranno privi di emozione e le conseguenze saranno negative. Si pensi per esempio ad un genitore che "regala" una casa ad una figlia, ma quest'ultima non gli rivolgerà più la parola; apparentemente il genitore mostra di impegnarsi nel prendersi cura della figlia e "salva la sua immagine sociale", ma la figlia voleva altro, voleva per esempio comprensione, affetto, godersi uscite col genitore fin troppo assente. Il magenta rappresenta l'aspetto materiale ed eccedere in questo (nero) ai danni delle emozioni porterà sia ad un allontanamento di chi ci sta vicino sia a sentirsi depressi per non aver fatto ciò che veramente si vuole e piace.

Il Magenta

Sintesi Simbolica:
Passione materiale
Parola chiave:
Agisco
Condizionamento Nero:
Farsi piacere le cose a forza per poter agire
Condizionamento Bianco:
Depressione
Livello Psicologico:
Le proprie Azioni su un piano materiale

Meditazione 02:
ti senti "su" se agisci
secondo tua volontà.

Bianco / Nero

Il senso del bianco associato al nero è quello di chi proprio non vuole vedere sé stesso, rinnega le proprie volontà per paura dei sensi di colpa. Per "fuggire" dalle paure e dalle "colpe" si impone di fare le cose "come si deve", tuttavia questo non gli riuscirà bene, la confusione avrà la meglio.

Anche la dipendenza emotiva giocherà un ruolo importante: la dipendenza insita nella dinamica del bianco trova supporto nella falsa sicurezza offerta dagli schemi sociali (nero): in questo modo ci si allontana da sé stessi e ci si sente confusi perché non si capisce cosa stia succedendo. Ci si chiede come mai si avverta tanto malessere se si sta facendo tutto come si "deve". Ci si potrebbe fermare a chiedersi cosa realmente si vuole e se questo sarebbe così grave, drammatico e scandaloso o se, infondo infondo, non ci sarebbe niente di male

Il Bianco

Sintesi Simbolica:
Dipendenza, passività, senso di colpa,
confusione
Parola chiave:
Passività
Condizionamento Nero:
Cecità psicologica
Condizionamento Bianco:
Forte senso di colpa
Livello Psicologico:
Passività e dipendenza emotiva

Meditazione 02:
tenere tutto dentro per il
quieto vivere vuol dire non
vivere, puoi tirarlo fuori con
chiarezza e calma.

Nero / Nero

La rigidità del nero si accentua sino a trasformare l'aggressività in violenza, in critica distruttiva, in polemica eccessiva. Paura del "diverso". Spinta ad essere rigidamente perfetti. Ansia e panico.

Fare e rifare sempre le stesse cose (in Analisi Transazionale: copione di vita), paura di cambiare, criticare o auto-criticarsi continuamente, ripetere all'infinito un concetto o un'idea o un comportamento... questa è l'onda del nero, l'assenza di colore lascia tutto "fermo", rigido, irremovibile.... altro discorso è la "fermezza" nel senso di "determinazione". Il nero rappresenta quindi le paure alla base di: impazienza, ansia, panico, eccessi di rabbia...

Il Nero

Sintesi Simbolica:
Aggressività, schemi rigidi di riferimento
Parola chiave:
Aggressività, rigidità
Condizionamento Nero:
Violenza, estrema rigidità
Condizionamento Bianco:
Aggressività casuale
Livello Psicologico:
Comportamenti e atteggiamenti rigidi

Meditazione 02:
ti senti spinto alla perfezione? Nulla è giusto o sbagliato in assoluto, quindi qual è la perfezione?

Marrone / Nero

Ricerca affannosa di risultati e dipendenza da essi.

Troppa attenzione alla materialità, ai risultati concreti senza preoccuparsi del modo in cui ci si arriva.

Comportamenti ossessivi, ripetitivi.

Difesa ad oltranza delle proprie origini, della propria famiglia, fino a costringersi all'ottenimento di risultati voluti dal contesto familiare con modalità distruttive per sé stessi, pur di mantenere in piedi un'immagine di sé stabile e forte; infatti se l'immagine della famiglia resta integra è più facile sentirsi "apposto" con sé stessi, ma è una forzatura e così facendo si vive con una costante tensione che può facilmente somatizzarsi nel corpo con malattie più o meno gravi.

Il Marrone

Sintesi Simbolica:
Concretezza, praticità, origini, famiglia
Parola chiave:
Risultati concreti, famiglia
Condizionamento Nero:
Comportamenti pratici ossessivi
Condizionamento Bianco:
Dipendenza dai risultati e dalla materialità
Livello Psicologico:
Orientamento al compito e agli obiettivi

Meditazione 02:
iniziare e concludere... e poi di nuovo... è il ciclo della vita.

Trasparente / Nero

Il trasparente è simbolo di una persona integra e non condizionabile, ben centrata su di sé.
Trasparente come **un'onda elettromagnetica**... come quelle del telefono cellulare che passano **attraverso i muri: simbologia di superamento della rigidità e degli schemi**. E da onda si può ritornare "particella", proprio come le onde elettromagnetiche dei telefoni che vengono poi riconvertite in onde meccaniche tangibili all'udito. La fisica quantistica spiega in modo più dettagliato questa possibile oscillazione fra onda e particella. Un esperimento di fisica quantistica ha mostrato che un'alta intensità energetica di fotoni ("luce") dà origine a materia.

Il Trasparente

Sintesi Simbolica:
Unione interiore di emozioni, azioni e pensieri,
di Anima-Mente-Spirito
Parola chiave:
Integrità
Condizionamento Nero:
Non possibile
Condizionamento Bianco:
Non possibile
Livello Psicologico:
Coerenza e compresenza positiva fra emozioni,
azioni e pensieri

Meditazione 02:
non ha senso la differenza
fra bene e male o fra bello e
brutto in un mondo interiore
integrato.

Viola / Bianco

Se il Viola è abbinato al bianco il **cambiamento non è ricercato o semplicemente si opta per finti cambiamenti**, ci si illude di fare magari anche grandi cose mentre si fugge da sé stessi, ci si priva di fare piccole cose semplici e apparentemente banali ma importanti per sé stessi. Il Giallo potrebbe sopperire almeno in parte alla creatività favorendo la flessibilità che però probabilmente resterebbe isolata a qualche settore della vita come per esempio il lavoro o la famiglia o gli amici.

Il rifiuto per i cambiamenti può essere originato dalla paura per le novità (se abbinato anche al nero), per stanchezza a seguito di troppi cambiamenti, o per paura dei sensi di colpa (bianco).

Il Viola

Sintesi Simbolica:
Predisposizione al cambiamento
Parola chiave:
Atto di volontà
Condizionamento Nero:
Impazienza e agitazione
Condizionamento Bianco:
Il quieto vivere
Livello Psicologico:
Accettazione di sé, flessibilità

Meditazione 03:
in realtà non si tratta di cambiare, ma di tornare ad essere liberamente sé stessi.

BLU / Bianco

Se il Blu è abbinato al bianco la tranquillità sarà solo finta, una illusione, una convinzione che tutto vada bene, ma se ci si ascolta un attimo ci si rende conto che così non è! Ci si dimentica di ciò che si vuole, si è distratti da qualcosa e si è persa di vista la propria volontà.

Questa condizione può generare ansia associata a perdita di senso di controllo della situazione. Quest'ansia trasforma ciò che si vuole in "vorrei"; la poca convinzione e determinazione del "vorrei" creano un forte senso di confusione.

Il BLU

Sintesi Simbolica:
Volontà e Consapevolezza Emozionale
Parola chiave:
Voglio. Volontà. Ciò che offre sensazioni
positive. Consapevolezza
Condizionamento Nero:
Devo - Conoscenze razionalizzate
Condizionamento Bianco:
Vorrei anziché voglio - Confusione
Livello Psicologico:
Consapevolezza delle proprie emozioni e dei
propri Valori

Meditazione 03:
come puoi ottenere ciò che
vuoi se neanche sai chi sei?
...i tuoi valori.

Ciano / Bianco

Se il Ciano è abbinato al bianco la serenità sarà solo finta, in realtà ci si dimentica di ciò che si desidera e ci si convince di aver necessariamente "bisogno" di qualcosa che tuttavia ci allontana da ciò che vogliamo realmente... volere è diverso da necessitare. Il senso di colpa, le dimenticanze o la confusione possono essere le cause di questi effetti.

Se si vuole qualcosa bisogna immaginarla: spesso si porta l'attenzione a ciò che non si vuole e si crea proprio quello. Se quando si pensa a ciò che si vuole risulta difficile definirlo a parole allora non lo si ottiene. È importante chiarire ed esplicitare sia a parole, sia con immagini che con emozioni ciò che si vuole raggiungere.

Il Ciano

Sintesi Simbolica:
Desideri/Obiettivi, Consapevolezza materiale
Parola chiave:
Definisco
Condizionamento Nero:
Imposizione
Condizionamento Bianco:
Vaga idea
Livello Psicologico:
Conoscenza delle proprie aspirazioni

Meditazione 03:
non puoi raggiungere una meta se pensi solo a ciò che non vuoi. Cosa vuoi?

VERDE / Bianco

Se il Verde è abbinato al bianco si evidenzia una **carenza di autostima**, dubbi interiori sulle proprie capacità, tali dubbi possono riguardare interamente sé stessi; se tale carenza è occasionale può essere che riguarda dubbi specifici per situazioni particolari che fanno vacillare l'integrità personale.
Difficoltà a concentrarsi sul qui e ora.

Il VERDE

Sintesi Simbolica:
Autostima, sicurezza di sé
Parola chiave:
Posso
Condizionamento Nero:
Egocentrismo, eccesso di pensieri
Condizionamento Bianco:
Dubbi su di sé, insicurezza
Livello Psicologico:
Pensieri fluenti e liberi

Meditazione 03:
raggiungere risultati può farti credere in te stesso, ma in realtà è il contrario.

Giallo / Bianco

Il giallo abbinato al bianco indica un blocco della creatività e una stasi negli schemi di riferimento.

Il giallo è il primo colore caldo, segue al verde che è neutro: mentre il verde rappresenta il pensiero creativo ad un livello emozionale (è un fondamentale della luce), il giallo simboleggia la manifestazione pratica e concreta dello stesso pensiero (è un fondamentale della materia). Si dice spesso che creiamo ciò che pensiamo, ma se il livello del giallo è assente il pensiero/verde resterà ad un livello di immaginazione non manifesta, non si attuerà ciò che vogliamo, immaginiamo e pensiamo.

Un grave ostacolo all'espressione creativa e alla sua manifestazione pratica è il giudizio in ogni sua forma.

Per essere creativi bisogna sospendere ogni forma di giudizio, per esempio in un gruppo si chiede ai membri di dire tutte le idee che vengono in mente ed esse saranno scritte tutte, senza essere giudicate né in bene né in male, questo significa sospendere l'utilizzo dell'emisfero sinistro/razionale a favore dell'espressività di quello destro che è creativo.

Il Giallo

Sintesi Simbolica:
Creatività, uscire dagli schemi
Parola chiave:
Creo
Condizionamento Nero:
Fuga nell'eccessiva ricerca di soluzioni
Condizionamento Bianco:
Assenza di idee
Livello Psicologico:
Pensiero creativo orientato all'azione

Meditazione 03:
sospendi il giudizio e libera la creatività; anche una valutazione "positiva" è un giudizio.

Arancione / Bianco

Se l'arancione è abbinato al bianco rappresenta una forma di ottimismo falso, tipico di chi sogna a occhi aperti ma non si impegna affinché le risorse esterne siano veramente utilizzate.

Rappresenta anche una mancanza generale di ottimismo, in particolare una sfiducia verso gli altri e soprattutto verso una persona "importante".

L'Arancione

Sintesi Simbolica:
Ottimismo, fiducia verso gli altri
Parola chiave:
Gli altri come Specchio di noi stessi - Fiducia
Condizionamento Nero:
Ottimismo cieco / dipendenza dagli altri.
Condizionamento Bianco:
Pessimismo, sfiducia verso l'altro
Livello Psicologico:
Apertura di sé, mettersi in gioco, positività

Meditazione 03:
fidarsi è bene, fidarsi di sé stessi è meglio.

Rosso / Bianco

Se il Rosso è abbinato al bianco è indice di una carenza energetica o meglio di uno spostamento dell'energia cosicché ogni cosa sarà fatta "tanto per...", senza troppo entusiasmo. Il bianco col Rosso descrive una situazione in cui la persona non si rende conto che le relazioni interpersonali sono prive di passione.

Emergeranno quindi relazioni cariche di apatia, "insignificanti" e falsamente passionali.

Il Rosso

Sintesi Simbolica:
Passione relazionale, Azione
Parola chiave:
Apprezzo
Condizionamento Nero:
Conflitti accesi, azioni folli
Condizionamento Bianco:
Apatia
Livello Psicologico:
Le proprie Azioni su un piano emotivo/
relazionale

Meditazione 03:
la tua passionalità è al servizio di chi? della rabbia o della tua Volontà?

Magenta / Bianco

Se il Magenta è abbinato al bianco è indice di stanchezza, mancanza di piacere nel fare le cose. Il bianco col magenta descrive una situazione in cui la persona si sente depressa e ciò che fa è privo di emozione. Ma soprattutto la persona tenderà a non fare nulla, a chiudersi in sé stessa sempre di più. La comprensione di questa chiusura andrà ricercata in qualche difficoltà sicuramente presente ad un livello più basso della piramide cromo-simbolica; infatti il magenta è proprio in punta e la sua simbologia dell'agire con piacere richiede un sostegno fin dalla base, fin dalla predisposizione al cambiamento del viola e fin dalla consapevolezza di sé e volontà del blu.

Il Magenta

Sintesi Simbolica:
Passione materiale
Parola chiave:
Agisco
Condizionamento Nero:
Farsi piacere le cose a forza per poter agire
Condizionamento Bianco:
Depressione
Livello Psicologico:
Le proprie Azioni su un piano materiale

Meditazione 03:
assapori i frutti della vita o li mandi giù ignorandoli?

Bianco / Bianco

Un potenziamento della dinamica bianca accentua il senso di colpa fino al dimenticarsi che in realtà non si ha colpa… è solo una sensazione indotta. Si crea come un blocco, un forte dolore emotivo all'idea di fare qualcosa di diverso da ciò che c'è stato insegnato da chi ci ha voluto bene o ci ha cresciuti. Dolore all'idea di fare qualcosa di bello e piacevole mentre qualcun altro sta male.

Ma come possiamo aiutare gli altri se non stiamo bene noi?

Come quando la mamma dice alla figlia di non uscire perché lei sta male. Come può fare la figlia a stare tranquilla in un'uscita mentre la mamma sta male? O si arrabbia, o subisce in silenzio, di solito. La soluzione però sta nell'assertività, nel saper dire con "decisione e determinazione": io ora esco, io ho deciso di stare bene, se vuoi puoi farlo anche tu. Talvolta la mamma ha una malattia grave, in questi casi resta comunque il saper dire che è importante stare bene e che per questo motivo ci si prende degli spazi per sé stessi. È così che poi qualcuno guarisce da malattie "inguaribili".

Se nel mondo ognuno aiutasse una sola persona, non tante, una sola, sé stessa, all'improvviso tutto il mondo starebbe bene.

Il Bianco

Sintesi Simbolica:
Dipendenza, passività, senso di colpa,
confusione
Parola chiave:
Passività
Condizionamento Nero:
Cecità psicologica
Condizionamento Bianco:
Forte senso di colpa
Livello Psicologico:
Passività e dipendenza emotiva

Meditazione 03:
stai aspettando che
qualcuno ti dia un
permesso? Vuoi una vita di
permessi o un unico auto-
permesso di vita?

Nero / Bianco

L'aggressività del nero viene apparentemente mitigata dal bianco, si ha una manifestazione di calma non veritiera che poi sfocia in scatti d'ira. Questa apparente calma è accompagnata da segnali lievi di trattenimento emotivo come fiato corto o tensione muscolare. **I pensieri negativi associati alla rabbia vengono dimenticati provvisoriamente**, restano latenti per non soffrire di sensi di colpa, poi però riemergono all'improvviso generando scatti d'ira anche casuali, ovvero in situazioni che non giustificano un tale livello di rabbia improvvisa.

Il Nero

Sintesi Simbolica:
Aggressività, schemi rigidi di riferimento
Parola chiave:
Aggressività, rigidità
Condizionamento Nero:
Violenza, estrema rigidità
Condizionamento Bianco:
Aggressività casuale
Livello Psicologico:
Comportamenti e atteggiamenti rigidi

Meditazione 03:
devi, devi, devi! ...Prima il Volere e poi il piacere!

Marrone / Bianco

Se il Marrone è abbinato al bianco riflette una carenza a livello del raggiungimento di obiettivi concreti; il bianco insieme a questo colore indica la convinzione di avere ciò che si vuole mentre in realtà ci si sta solo **accontentando**. Viene rimarcato il senso di **dipendenza**.

Marrone: come il colore dell'albero che con le sue radici richiama il simbolismo delle origini e della famiglia; si possono notare i movimenti flessibili dei rami o la rigidità e dipendenza da una posizione fissa nel terreno, o la sua stabilità e i suoi frutti che rappresentano i risultati concreti.

Il Marrone

Sintesi Simbolica:
Concretezza, praticità, origini, famiglia
Parola chiave:
Risultati concreti, famiglia
Condizionamento Nero:
Comportamenti pratici ossessivi
Condizionamento Bianco:
Dipendenza dai risultati e dalla materialità
Livello Psicologico:
Orientamento al compito e agli obiettivi

Meditazione 03:
oggetti che non usi da più di due anni, cosa rappresentano per te?

Trasparente / Bianco

Ciò che in letteratura viene riferito al bianco, in questa revisione sul significato dei colori viene attribuito al trasparente; quindi emerge nella **trasparenza purezza, innocenza, integrità ed anche incondizionabilità** dal bianco stesso al quale sono qui attribuite caratteristiche di passività, dipendenza, confusione e sensi di colpa.

Il Trasparente

Sintesi Simbolica:
Unione interiore di emozioni, azioni e pensieri,
di Anima-Mente-Spirito
Parola chiave:
Integrità
Condizionamento Nero:
Non possibile
Condizionamento Bianco:
Non possibile
Livello Psicologico:
Coerenza e compresenza positiva fra emozioni,
azioni e pensieri

Meditazione 03:
quando ti senti in armonia
con te stesso, privo di
conflitti, come hai fatto? C'è
prima l'armonia e poi i
risultati?

Riflessioni sul colore Arancione
Cromo-Salto Quantico e Loop Cromo-Emotivo

Un salto quantico è il passaggio repentino di un sistema da uno stato quantico ad un altro. Il processo è definito "salto" in quanto discontinuo; Esiste una infinita continuità di valori di frequenza per i colori ma ci riferiamo poi a quelli "fondamentali" che sono tre per la luce (blu-verde-rosso) e tre per la materia (ciano-giallo-magenta). Seguendo la piramide cromo-simbolica abbiamo alla base il viola, combinazione di due colori, poi seguono alternativamente i colori fondamentali luce-materia: blu-ciano / verde-giallo / - arancione - / rosso-magenta... Il colore arancione non trova una specifica collocazione in questo "continuum di salti luce/materia"... per diverso tempo ho riflettuto sul suo possibile significato simbolico riferito alla sua posizione e particolarità... L'arancione rappresenta ottimismo ma anche fiducia verso gli altri mentre il verde è la fiducia verso sé stessi... la psicologia ci spiega che attraverso gli altri possiamo conoscere noi stessi... ma quando arriviamo a quel punto così in alto della piramide (arancione) se non siamo veramente sicuri di noi stessi, ma ci siamo solo "illusi"... allora con un SALTO torniamo ai nostri pensieri (verde) pieni di dubbi... pensare e ripensare... e quando siamo convinti di noi stessi ci riapriamo agli altri (arancione/rosso)... ma se non siamo veramente determinati e sicuri rifacciamo il salto dall'arancione (altri) a noi stessi (verde) ripercorrendo le stesse esperienze che in forma diversa e in contesti vari si ripropongono inesorabilmente: qui si ripete il CICLO... siamo nel Loop che può essere verde (pensare e ripensare), giallo (continuo cambiamento e ricerca di soluzioni senza concludere niente) o arancione (continua ricerca degli altri, delle loro approvazioni). Riequilibrare i vari livelli Cromo-Simbolici significa utilizzare tutte le proprie risorse in modo coerente e positivo per il proprio benessere.

PARALLELISMI
Analisi Transazionale - Cromo Simbolismo
Psicologia CAMS (Corpo Anima Mente Spirito)

Secondo Eric Berne, fondatore dell'Analisi Transazionale, ognuno di noi ha dentro di sé un Genitore, un Adulto e un Bambino; sono i tre stati dell'io assimilabili ai tre colori fondamentali della luce e alle tre componenti Anima-Mente Spirito.

Ø **Stato dell'Io Genitore (Blu – Anima)**: si forma dai 0 ai 5 anni di vita del bambino, ma si modifica col tempo; consiste in una serie di introiezioni delle parole e dei comportamenti dei genitori e degli adulti a lui significativi. Tale registrazione permane per tutta la vita e si manifesta in comportamenti che ne riproducono le caratteristiche essenziali, ovvero in **comportamenti protettivi e normativi**.

Ø **Stato dell'Io Adulto (Verde – Mente)**: inizia a formarsi verso il decimo mese di vita del bambino; consiste in una serie di registrazioni di esperienze vissute e verificate dall'individuo nel suo impatto col mondo esterno; è **orientato alla realtà e alla raccolta obiettiva delle informazioni**. Così come ogni adulto ha lo stato dell'Io Bambino, ovviamente anche un bambino ha uno stato dell'Io Adulto che si manifesta quando egli cerca informazioni, esamina la realtà, elabora stimoli esterni e così via.

Ø **Stato dell'Io Bambino (Rosso – Spirito)**: si forma nel periodo di vita che va dai 0 ai 5 anni; contiene introiezioni di **sentimenti e di istinti** provati da bambini.

Il **Blu** /consapevolezza corrisponde al **Genitore**, quindi riguarda le norme e le regole e soprattutto i propri Valori, la volontà: l'**Anima**.

Il **Verde** /credere in sé stessi, rappresenta l'**Adulto** (posizione esistenziale **io ok** - non ok), quindi la raccolta di informazioni, il sentirsi capaci nel qui e ora, l'avere un pensiero fluido: la **Mente**.

Il **Rosso** passionale e attivo rappresenta il **Bambino** quindi i sentimenti e gli istinti: lo **Spirito**.

L'**arancione** che rappresenta fiducia verso l'altro completa il parallelismo per le posizioni esistenziali: **tu ok** – non ok

Il **marrone** è ottenuto da tre colori anziché essere un fondamentale o derivare dall'unione di solo altri due colori, perciò ha anche un significato plurimo e rappresenta la nuova posizione esistenziale **gli altri ok** – non ok

Nota per chi già conosce l'AT:
Le attribuzioni positive o negative attribuite agli stati dell'io sono in realtà da riferire alle interferenze bianco/nere.

Gli aspetti più femminili, creativi e intuitivi degli stati dell'io possono essere riferiti ai tre colori fondamentali della luce già indicati: blu-verde-rosso, mentre quelli maschili, razionali e pratici trovano parallelismo coi tre fondamentali della materia: Ciano al posto del Blu, Giallo al posto del Verde e Magenta al posto del Rosso.

Nota sui colori

Andando a guardare i significati dei colori secondo il test di Max Luscher cogliamo sfumature differenti di significato attribuite allo stesso colore in base alle scelte dei colori effettuate durante lo stesso test; in tale test non vengono considerate le differenze fra le due triadi di fondamentali di colori né le interferenze del bianco e del nero come qui proposte e basate su uno studio qualitativo non standardizzato che prosegue dal 2003.

In nessun altro studio sui colori viene considerata la doppia triade dei fondamentali, l'interferenza del bianco e nero e il significato del trasparente in sostituzione di quanto ipotizzato sul bianco; le conferme empiriche sono state ottenute con una lettura psicodinamica abbinata all'Analisi Transazionale del test "le 11 tavole colorate" tratto **dal libro "La Cromo-Terapia Simbolica e il potere del doppio trio dei fondamentali"** di Saverio Caffarelli, ed. medicalinformation.it

In quest'ultimo libro si possono trovare anche approfondimenti sul significato dei colori, la teoria della piramide cormo-simbolica, il test delle 11 tavole e la sua somministrazione ed interpretazione, i colori associati ai fiori di Bach ed esercizi cromo simbolici in rilassamento.

Simbolismo: l'unico linguaggio universale

Il linguaggio dimenticato: la natura dei miti e dei sogni di **Erich Fromm**. Con la chiarezza e il rigore tipici della saggistica di Fromm, il filosofo e psicoanalista tedesco intraprende in quest'opera l'esplorazione nella storia dell'interpretazione dei sogni e dei miti, dalle letterature primitive alle intuizioni di Freud e Jung. Conducendoci nella selva dell'inconscio e spostando gradualmente la sua attenzione dall'individuo alle società, attraverso la lettura di miti e leggende di tutti i tempi, Fromm ci introduce ai problemi delle simbolizzazioni collettive. Una guida alla comprensione del linguaggio simbolico che è "una lingua vera e propria, e in effetti l'unico linguaggio universale che la razza umana abbia mai creato".

Simbolismo del
Trasparente, Unione e Mito

Il dolore primordiale della separazione: in origine eravamo una sola cosa... poi succede qualcosa per cui ci separiamo in più parti: quel momento porta con sé un gran dolore che sperimentiamo e riviviamo in tante situazioni della vita quotidiana... così possiamo riunificarci dentro per ritrovare la pace... questo è in sintonia con la fisica quantistica, ma anche col mito: Platone definisce il SIMBOLO nell'opera il Simposio (189 d - 193 d) ricorrendo ad un mito per evidenziare la potenza di Eros sugli uomini: "L'antica nostra natura non era la medesima di oggi. In principio gli uomini erano l'uno e l'altro, uomini e donne allo stesso tempo, la forma circolare, il loro aspetto intero e rotondo. .... Zeus, volendo castigare l'uomo per la sua tracotanza, avendo voluto sfidare gli dèi, non volendo distruggerlo, lo tagliò in due. ..... (inviò Eros) fra gli dèi, l'amico degli uomini, il medico .... colui che riconduce all'antica condizione. Cercando di far uno, ciò che è due". .... la parola simbolo deriva dal greco Symbollein e significa "mettere insieme", unire... l'unione dei tre colori fondamentali della luce blu-verde-rosso porta alla trasparenza: "l'antica condizione".

Bibliografia

- Erich Fromm, Il linguaggio dimenticato, ed. Valentino Bompiani, 1962
- Corriere della Sera, articolo del 21 settembre 1997 Pagina 26 a firma di Lanfranco Belloni (esperimento luce fotoni / creazione materia)
- Max Luscher, Il test dei Colori, Astrolabio Ubaldini ed. 1976
- Corrado Malanga, Alieni o Demoni, ed. Chiaraluna - PG
- GOLEMAN, Intelligenza Emotiva, Milano, 1996
- GORDON, Insegnanti efficaci, ed. Giunti Lisciani, 1991
- Eric Berne, Ciao!...E poi?, Ed.Tascabili Bompiani RCS, 2000
- Gouldin M., Goulding L., Il cambiamento di vita nella terapia ridecisionale, 1983. Astrolabio
- Saverio Caffarelli, La Cromo-Terapia Simbolica e il potere del doppio trio di fondamentali, ed. medicalinformation.it 2015

Dr. Saverio Caffarelli
Psicologo / Psicoterapeuta
Tel. 3455813357
www.psicologiasaveriocaffarelli.it

www.ingramcontent.com/pod-product-compliance
Lightning Source LLC
Chambersburg PA
CBHW060438290526
45791CB00002B/989